EUGÈNE GUÉNIN
Lauréat de l'Académie Française

LA FIN D'UN CORSAIRE HONFLEURAIS

LE CAPITAINE LELIÈVRE

PARIS
MAURICE PRUDHOMME
18, rue de la Sorbonne

1902

DU MÊME AUTEUR

EN VENTE A LA MÊME LIBRAIRIE

Histoire de la Colonisation française, tomes 1 et 2. *La Nouvelle-France.* — Ouvrage couronné par l'Académie française. Deux vol. in-18 brochés 7 fr »

Les Parisiens de Paris. *Silhouettes artistiques.* Un vol. in-18 broché 2 »

Bucoliques. *Nouvelles.* Un vol. in-18 broché 3 50

La Russie. *Histoire, géographie, littérature.* Un vol. in-8, 100 gravures et 2 cartes, broché 2 60

La Nouvelle-France. Un vol. gr. in-8, cartes, nombreuses gravures en noir et en couleurs, broché 4 50

Ango et ses pilotes, d'après des documents inédits, 1 fac-simile et 3 dessins (Imprimerie Nationale). Un vol. in-8° broché . . . . 6 »

Cavelier de la Salle. Un vol. in-18 broché, illustré 0 50

Montcalm. Un vol. in-18 broché, illustré 0 75

EN PRÉPARATION

Histoire de la Colonisation française, tome 3. *La Route de l'Inde.*

Mémoires du voyage aux Indes Orientales du général Beaulieu (1619), *avec Introduction et Notes.*

EUGÈNE GUÉNIN
Lauréat de l'Académie Française

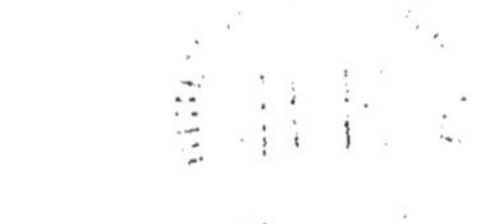

LA FIN D'UN CORSAIRE HONFLEURAIS

LE CAPITAINE LELIÈVRE

PARIS
MAURICE PRUDHOMME
18, rue de la Sorbonne

1902

EXTRAIT DU *PAYS NORMAND*

N^os de Mars et Avril 1902

La Fin d'un Corsaire Honfleurais

LE CAPITAINE LELIÈVRE

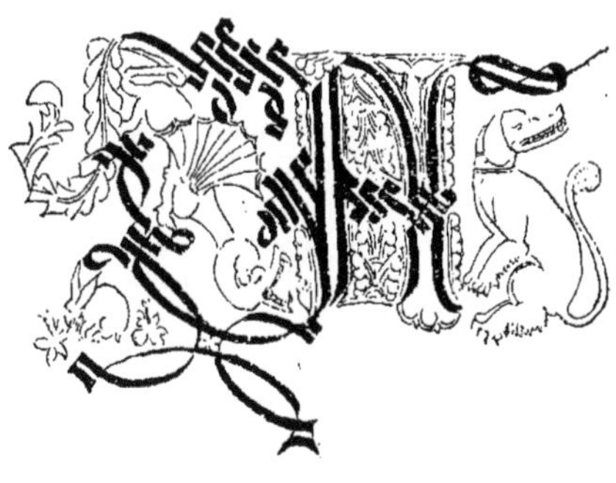

u cours de mes recherches sur Ango et ses pilotes, qui m'ont permis de ramener de toutes pièces au grand jour de l'histoire le plus intrépide des corsaires de ce temps, Jean Fleury, de Honfleur, j'ai fait une autre découverte concernant également un honfleurais, le capitaine Lelièvre. De ce dernier, on ne savait que ce qu'en avait dit un écrivain, fort sujet à caution, Savary, dans son *Parfait Négociant*, t. I., liv. II, p. 203 et 210 :

« En l'année 1616 ou 1617, il y eut trois négociants françois qui entreprirent de faire le commerce dans les Indes Orientales et y envoyèrent le capitaine Le Lièvre, de Honfleur, qu'ils firent partir de Dieppe pour faire le voyage, lequel ayant doublé le cap de Bonne-Espérance, arriva à Sumatra, Java et Achin où les Hollandois, par leur jalousie ordinaire, traversèrent les François autant qu'ils purent, néanmoins nonobstant leur traverse et mauvais traitements les François ne laissèrent pas pour cela d'estre bien et favorablement receus des rois de Bantam, de Java, de Sumatra et Achin, qui leur donnèrent protection pour faire le commerce dans leurs estats.

« On sait le mauvais traitement que Jehan Pancras, natif de Flessingue, de la Compagnie de lest d'Hollande, fit en 1616, en revenant des Indes Orientales, au sieur Lelièvre, capitaine du navire la *Magdelaine*, à son lieutenant et à son équipage, car après avoir pris son navire qui étoit chargé d'or, de perles, d'épiceries et autres riches marchandises d'Orient, il luy fit à luy et à son lieutenant serrer et étreindre la teste avec des cordes, en telle sorte qu'il leur fit sortir les yeux de la teste et ensuite les fit poignarder, fit pendre treize matelots aux haubans de son navire et fit brûler la plante des pieds aux autres jusqu'à ce qu'ils eussent rendu l'esprit, cruauté qui est sans exemple. »

Les détails qui vont suivre démontreront jusqu'à quel point ce récit de Savary est inexact et fantaisiste ; il a mêlé sans aucun doute dans ses souvenirs les navigations rouennaises et honfleuraises, l'expédition de Beaulieu, capitaine du *Montmorency* qui est allé à cette époque à Achem, de son lieutenant Robert Gravé, commandant l'*Espérance*, qui s'est rendu à Java et à Bantam, avec celle de Lelièvre qui n'avait congé de l'Amiral que pour la côte d'Afrique et le Brésil. Il ressort, en effet, des pièces que nous publions que Lelièvre n'a jamais été aux Indes Orientales ; qu'il n'était pas du tout un négociant mais un corsaire ; que le seul fait à peu près exact dans tout le récit de Savary est la prise de la *Magdelaine* par un navire hollandais et la mise à mort, avec une férocité inouïe, du capitaine, jeté encore vivant à la mer, et d'une grande partie des hommes de l'équipage, en particulier de ceux qui étaient originaires de Honfleur, auxquels le commandant hollandais paraissait avoir voué une haine spéciale.

Poursuivant mes investigations, j'ai trouvé dans les *Mémoires pour servir à l'histoire de la ville de Dieppe*, de Guibert, une analyse du récit de Savary résumée en ces termes :

« En l'année 1616, trois négociants françois entreprirent le commerce des Indes Orientales. Ils y envoyèrent le capitaine Lelièvre, de Honfleur, avec un bon navire, qui partit de cette ville pour ce voyage. Il avoit été bien reçu des rois d'Achin, de Bantan, de Java et de Sumatra, et avoit fait un profit considérable ; mais les Hollandais, jaloux d'avoir seuls ce commerce, l'arrêtèrent à son retour et le massacrèrent très cruellement avec son équipage. »

Les *Mémoires* de Guibert ont été publiés par M. Michel Hardy [1], correspondant du Ministère de l'Instruction Publique, qui a fait suivre le passage que je cite d'une note ainsi conçue :

« Ce ne sont pas des Hollandais mais des Flamands qui ont pris au capitaine Lelièvre le navire la *Magdelaine* et la barque le *Saint-Gabriel*.

« Il résulte des dépositions recueillies par l'amirauté d'Honfleur le 18 juin 1617, et par celle de Dieppe les 16, 18, 19 janvier 1618, 14 et 23 novembre 1620, que les Flamands se sont conduits comme de véritables sauvages.

« On voit dans les mêmes pièces que les Français ont capturé plusieurs navires, mais qu'après en avoir pris les marchandises qui leur convenaient ils les ont laissés continuer leur route sans faire aucun mal aux équipages.

« Archives du Parlement de Normandie, cahier intitulé : *Déprédation et prise par les Flamands du navire* La Magdallaine *et la barque* Saint-Gabriel. Côte d'Afrique 1616. Dépositions de témoins. Nouvelle instruction. »

1. Paris, Maisonneuve et Cie, 2 vol. in-8o 1878.

Appelé à Rouen par mon travail sur *Ango et ses pilotes*[1], j'en ai profité pour rechercher aux Archives du Parlement le cahier signalé par M. Hardy. Je dois reconnaître que malgré toute la bonne volonté de M. de Beaurepaire, le savant archiviste du département, dont j'ai souvent mis à l'épreuve l'inépuisable obligeance, il m'a été impossible de retrouver ce précieux document. Mais si le proverbe « cherchez et vous trouverez » est vrai, il l'est surtout pour les questions historiques. La note reproduite par M. Hardy lui avait été communiquée par M. Gabriel Gravier, l'érudit secrétaire général de la Société Normande de Géographie. J'ai pris la liberté de demander à M. Gravier les renseignements qu'il devait posséder sur cette déprédation de la *Magdallaine*, et il m'a informé que se trouvant en relations avec M. Gosselin, greffier à la Cour, ce dernier, chargé du classement des archives du Palais de Justice de Rouen, avait découvert le cahier en question et, sachant quel intérêt il portait aux navigations des anciens normands, lui avait signalé sa trouvaille.

Les archives du Palais de Justice de Rouen étaient alors dans un triste état. « C'est, disait M. Le Prevost, membre de l'Institut, qui avait consacré plusieurs journées à l'examen de tous ces papiers entassés dans les greniers, c'est un pêle-mêle qu'il faut avoir vu pour s'en faire une juste idée, tant l'amas est considérable, poudreux, putréfié et nauséabond. Nous en avons évalué le volume à 75 ou 80 mètres cubes. La poussière, l'humidité, la chaleur excessive qu'il fait dans ce lieu pendant l'été, l'espèce de décomposition qui se produit par suite de l'entassement, ont amené la perte de plus de la dixième partie des pièces qui composent cet énorme dépôt. »

M. Gosselin, chargé de procéder au classement de ces innombrables pièces, en comprit bientôt tout l'intérêt au point de vue de l'histoire de la province de Normandie et signala, dans un ouvrage paru en 1876, de nombreux documents à consulter[2]. Il fit plus : pour le cahier indiqué dans la note du livre de Guibert, il en donna communication au secrétaire général de la Société Normande de Géographie, qui en prit lui-même copie. Grâce à cet heureux hasard, je retrouvais là les pièces de l'enquête dont le classement encore inachevé des archives du Parlement ne m'avait pas permis de prendre communication. C'est la copie de M. Gravier que je reproduis. Le lecteur pourra juger de l'intérêt qu'elle présente. Je dois ajouter que n'ayant pas cru devoir procéder à cette publication avant d'en avoir l'autorisation du possesseur, M. Gravier m'a aussitôt répondu, et je le remercie de sa courtoisie : « Je n'en faisais rien. Vous en faites quelque chose. J'en suis ravi ».

C'est donc la copie faite par mon honorable confrère, avec le soin et l'exactitude qui caractérisent tous ses travaux, que je reproduis ici, après cette explication destinée à établir tout à la fois l'authenticité du document et l'obligeance du savant qui me l'a communiqué.

1. Librairie Prudhomme, rue de la Sorbonne, 18, Paris.

2. Documents authentiques et inédits pour servir à l'histoire de la Marine Normande et du commerce Rouennais pendant les XVIe et XVIIe siècles.

Depredation et prise par les Flamands du navire la Magdallaine et la barque le S. Gabriel. Côtes d'Afrique, 1616. — Dépositions de témoins. — Nouvelle instruction.

Du lundy vingt troisme jour de novembre mil six cens vingt appres midy du dict devant nous Charles Marc Anthoine de Saint Martin, escuyer, sieur de Tourenpré, lieutenant de Monseignr le duc de Montmorency, pair et admiral de France, justic. civil et criminel pour sa Maté et l'Adté de France au siège dud. Dieppe, présence de Me Anthoine Lemoyne, greffier ordinaire dud. siège.

Est comparu Me Michel Eustache Pierre des Cotils, distillateur ordinaire de la maison du Roy, lequel, tant pour luy que ses associez, nous a faict entendre que, sur la poursuicte par luy faicte de la déprédation à luy faicte et à ses dicts associez lan (mil) six cens seize d'un navire et une caravelle à eux appartenant chargés de grand nombre de bonnes marchandises, argent et aultres choses de valleur de plus de six cens mil livres par Cesar Jacques Pancrau dict Vitrebol, cappitaine du navire nommé les *Armories de Zélande* du fret de mil ou douze (cents) thonneaux cy devant a la navigation des Indes orientalles des provinces unies des pays bas, il auroit obtenu sentence de Messieurs les gens tenants l'admirauté de France au siege general de la table de marbre du pallais à Rouen le neufviesme jour de ce mois, par laquelle il auroit esté dict que par deffaults obtenus par ledict Eustache dabtés et mentionnés en ladicte sentence contre ledict Jacques Pancrau dict Vitrebol, Me Jacques, chirurgien de Rouen, et aultres les marchands et associés de ladicte compagnie des Indes Orientales des provinces Unies, sont declarez bien et deument prins et obtenus par ledict Eustache et que pour le prouffict d'iceulx lesdicts Pancrau, Jacques chirurgien et les marchands sont declarez coutumaxes et que les tesmoings esnommes par les infformations rapport aux charges a l'encontre de Pancrau, Me Jacques chirurgien et complices seront assignes instance du procureur du roy a la diligence dud. Eustache par devant nous pour estre repetés sur leurs deppositions pour valloir et confrontations contre lesdicts susnommez, pour estre le tout clos et scellé renvoyé audict siège, estre ordonné ce que de raison, nous requerant que nous eussions a proceder a l'execution de ladicte sentence, disant aussi ce est deffaut faire assigner par devant nous aujourdhui par Cany sergent en ce siège Jacques Mel cappitaine dud. navire, Robert Bruchault, marinier, Jacques Monguard, aussy marinier, Caron Pegné, aussy marinier, tous de ceste ville tesmoins examines en ce siege contre lesdicts Pancrau, Me Jacques chirurgien et complices en la presence du procureur du roy lequel, appres avoir eu communication de ladicte sentence et commission dessus dabtée, a requis donnant adjonction audict Eustache que nous eussions à proceder à l'exécution d'icelle ; sur quoy veu et lecture faicte d'icelle, l'exploict dudit Cany sergent de ce jourdhui nous avons ordonné que presentement lesdicts tesmoins seront appelles pour estre repettez sur leurs deppositions cy devant prestees pour valloir en confrontations et qu'à ceste fin les informations contenant la depposition desd. tesmoins ensemble le rapport dudict Bruchault seront representés. Appres laquelle expedition que ledict procureur du roy et ledict Eustache ont signé et appres que ledict Lemoyne greffier nous a représenté le rapport dudict Bruchault du seiziesme de janvier mil six cens dix huict, l'infformation du jeudy dix huictiesme dud. mois et an, l'examen et déposition de Jacques Mel du quatorziesme de novembre present mois et an, nous avons procédé aux revellements et a ceste fin faict appeler lesdicts tesmoins ainsy qu'il en suit. Signe Michel Eustache, de Saint Martin et Lemoyne chacun un paraphe.

Robert Bruchault, marinier et charpentier de navire demeurant en ceste ville, rue Dubœuf, parr. de Saint Jacques, aagé de cinquante huict ou cinquante neuf ans, jure par foy et serment solennel à dire vérité, assigné ce jourd'huy pardevant nous, instance dud. Eustache suivant l'exploict dudict Cany de ce jourdhuy, aux fins dud. revellement et repetition du rapport par luy rendu en ce siege ledict jour seiziesme de janvier mil six cens dix huict. Signé Ducourroy, dudict Bruchauld et dud. Lemoyne greffier. Lecture à luy faicte après y avoir persisté disant que est véritable, disant oultre que ledict navire que avoit prins ledict Le Lièvre sur les Espagnols estoit sy rempli de biens que ne pourroit pas au certain dire le nombre, et que luy avoit prins quinze cens pieces de huict pour son pillage, dont ledict Le Lièvre ne s'estoit pas appersu à raison du grand nombre qu'il y en avoit, grande quantitté de vaisselle d'argent, chaines d'or et de bagues ; et se souvient que ledict Le Lièvre, cappitaine, auroit tiré dans sa chambre la quantité de plus de quatre boisseaux tant or qu'argent monoyé et à monoyer ; et est ce qu'il a dict et a signé appres lecture faicte tant dud. rapport que du present revellement. Signé Robert Bruchault.

Jacques Monguard, marinnier, demeurant en ceste ville, rue de la beste vestue, paroisse Saint-Jacques, tesmoing examine pour la verification du rapport dud. Bruchault cy dessus dabté le dix-huictiesme de janvier mil six cens dix-huict, assigné ce jourd'huy par devant nous suivant qu'il appert par l'exploict dud. sergent aux fins dud. revellement et repetition, jure par foy et serment solennel à dire vérité. Lecture à luy faitte de sa ditte, du rapport pour confrontation signé Ducourroy, Monguard et Lemoyne, a dit qu'il est véritable en tout son contenu, persistant à icelle et ne veut adjouter ny diminuer, et a signé après lecture à luy faicte du present revellement. Signé Jacques Monguard.

Jacques Mel, cappitaine de navire demeurant en ceste ville, examiné pardevant nous le quatorziesme jour de novembre present mois et an, instance dud. Eustache, assigné pardevant nous a ce jourd'huy suivant qu'il appert par ledict exploict aux fins dud. revellement juré par foy et serment solennel à dire vérité. Lecture a luy faicte de ladicte deposition signée de nous, dud. Mel et de nostre dict Greffier pour valloir de confrontation y a persisté disant que ce est véritable et qu'il n'y veut adjouter ny diminuer, et a signé apprès lecture à luy faite de ce que. Signé Jacques Mel, un paraphe.

Defaut appres que nous avons rappelle Caron Pegné, aultre tesmoing assigné comme il appert par ledict exploict, lequel ne s'est comparu ny aucun pour luy, et qu'il est nottoire par le rolle de l'embarquement des hommes du sieur de Beaulieu, general de la flotte partie en l'année dernière pour le voiage des Indes Orientales, que ledict Pegné est l'un de ceux contenus audict roolle et qu'il est audict voiage, nous avons accordé acte audict Eustache en ceste presente attestation et du record mentionné audict exploict pour luy valloir et servir qu'il appartiendra et ordonne que suivant ladicte sentence donnée, etc.

Signé : de Saint-Martin, Eustache et Lemoyne, chacun un paraphe, aprouvé en gloze Jacques Monguard, aussy marinier pour le voiage des Indes Orientales.

Du mardy saiziesme jour de Janvier mil six cens dix huict à Dieppe devant nous Claude Ducourroy, escuier, licentié en loix, lieutenant commis en l'admiraulté de France du siège dud. Dieppe et ès environs, présence de Me Anthoine Le Moyne greffier audict siege.

S'est comparu Robert Bruchault, marinier et charpentier de navire, demeurant en ceste ville rue du Bœuf, paroisse Saint Jacques, lequel a dict qu'il y a plus de trois ans et demy qu'il s'estoit associé avec Bertrand Crosnier dict La Chesnée cappitaine du navire nommé *La Magdaleanne*, équippé pour faire voiage en laval coste du Bresil et du Perou, suivant le congé qu'en avoit obtenu ledict cappitaine de monseigneur l'admiral et qu'ils estoient quelque temps après leur partement de ce port et havre arrivés aux isles des Essores. Ils firent rencontre d'une caravelle portugaise à l'isle de Corvi laquelle ils auroient prinse et abordée apprès avoir esté tiré de la ditte caravelle et couppé le mathrel de la barque dud. navire *La Magddalaine* conduicte par un nommé le sieur de Sainct André et laquelle Caravelle estoit chargée de sucre ; appres laquelle prinse le dict Bruchault auroit esté mis dans la barque dud. St-André pour charpentier et fust envoyé par ledist Lachesnée courir les isles des Canaries où estant quelque temps apprès avoir quitté le navire Lachesnée et sa prinse, auroient rencontré une aultre caravelle laquelle ils abordèrent aussi et s'en rendirent maistres estant chargée de perles, futailles, drapperies et toilles d'Espaignes pour porter aux isles des Canaries, et oultre s'estoit trouvé en ladicte caravelle en argent monnoyé plus de quarante mil livres, viron cinquante à soixante livre de corail et patenostres et viron quinze à seize pots de saffirs, de laquelle prinse ayant prins et faict descharge dans leur barque les draps, thoilles, argent, corail et saffirs, ils laissèrent la dicte caravelle aux dicts portugais et passant plus oultre, auroient esté jusqu'au cap Vert où estans ils auroient trouvé un grand navire anglois proche duquel ils auroient mouillé lancre espérant attendu qu'il estoit anglois et voisin des françois avoir quelque secours de luy pour avoir des rafraichissemens, et s'estans salués l'un l'autre à coups de canon et apprès avoir parlementé ensemble, mesme le cappitaine anglois leur ayant promis leur assister d'un basteau pour aller chercher de l'eau et du Lois, ils auroient convyé ledict Sainct André d'aller disner avec le cappitaine anglois dans son navire, ce que le dict André auroit faict et auroit mené avec luy son frère et un nommé Eude de son equippage, et resterent dans ledict vaisseau anglois jusques au soir que une chalouppe où estoient viron vingt-cinq anglois armés seroient venus aborder la barque dud. Sainct André ou estoit le dict depposant, et comme icelluy depposant et ses amis de l'equippage dudict Sainct André pensoient que ce fust icelluy Sainct André et ceux qui estoient avec luy qui fesoient leur retour dans ladicte barque conduicte des anglois, icelluy depposant et les aultres commencèrent à crier Dieu sauve le cappitaine, maistre et équippage furent tous estonnés que les dicts anglois sautèrent à bord de ladicte barque cryant en leur langage tue tue, de sorte que ledict depposant et ses compaignons n'ayants aucune arme à la main furent surprins et leur barque prinse par les dicts anglois qui s'en rendirent maistres et coupèrent aussi tost les cables sur l'escubier et mirent ledict Bruchault et ses compaignons dans une chaloupe liés et garottés les mains derrière le dos jusques au lendemain au mattin qu'ils les deslierent estans à trois ou quatre lieux de la terre, où ils les laissèrent aller sans aulcuns vivres, et furent jour et demy à aller à terre, n'ayant veu ledict Sainct André, son frère ny ledict Eude depuis qu'ils entrerent dans ledict vaisseau anglois.

Dict qu'estant à terre ainsy degradé avec ses compaignons au nombre de quinze ou vingt, ils se mirent avec les naigres et sauvages pour essayer leurs vivres et passaige par le moien de quelques navires qui pourroient venir en traicte audict cap de Vert, et furent en ce pais viron cinq mois pendant lequel temps tous lesdicts hommes moururent reserve cinq : au bout de quelque temps seroit arrivé un navire françois de Honfleur ou commandoit un nommé Le Lièvre dudict lieu de Honfleur qui esperoit aller au Bresil, avec lequel ledict Bruchault se seroit mis et accordé pour maistre charpentier, et les quatre aultres ses compaignons demeurèrent avec les naigres d'aultant que le sieur Le Lièvre ne les auroit voullus recepvoir dans son bord ; ce faict continuerent leur route au Bresil avec ledict Le Lièvre et furent en plusieurs endroicts où ils ne purent rien negotier, a cause de quoy et que leurs victuailles deffailloient furent contraincts d'aller à Maraignis [1] pour s'en procurer, où estant auroit esté ledict Le Lièvre demander permission au sieur de la Renardière qui commandoit lors au fort dudict Maraignis de traicter de victuailles ce qu'il luy accorda, et appres en avoir traicté ce qu'il en auroit voullu auroient faict leur route pour revenir en France sans avoir peu faire aulcune traicte, ayants passé par les isles Essores ou leur navire tarda pour n'avoir plus de victuailles ou fort peu, estants conctraincts venir à Belle-Isle pour les plus proches terres.

Dict oultre qu'estans arrivés audict lieu de Belle-Isle ils tardèrent viron deux mois et demy pendant lequel temps le sieur Lepardiere auroit requippé le navire dud. Le Lièvre pour retourner en mer et dans lequel ledict Bruchault fust retenu en mesme condition qu'il estoit le voiage precedent ; et partis qu'ils furent de Belle-Isle soubs le congé de monseigneur l'Admiral firent leur routte droit aux Essores, estant auquel lieu y séjournerent viron un mois pendant lequel temps auroient rencontré un grand navire Espaignol qui venoit du Perou ; et sur ce que ledict Le Lièvre fist tirer un coup de canon sur led. navire luy faisant commandement d'amener ses voilles, le dict Espaignol lacha plusieurs volées de canon sur ledict Le Lièvre en telle sorte qu'ils furent en

[1] Le greffier a écrit Maraignis : il s'agit de Maranham, ou les Français avaient bâti un fort dés l'année 1612. — (Malte Brun).

nécessité de se bastre ; et s'estant ledict Le Liepvre rendu maistre dud. navire, recognust qu'ils estoient espaignols et que icelle estoit chargé de sucre, Bresil, cuirs et petun, portant ledict navire grandeur de sept à huict vingts thonneaux dans lequel aussy les espaignols dirent qu'il y avoit plus de quatre cens mil frans tant en or et argent monnoyez que à monnoyer comme vaisselle d'argent et chaîne d'or ; et la pluspart des quelles marchandises or et argent monnoyé et à monnoyer ledict Le Lièvre s'estant saisy il mit le tout dans son navire avec une barique de cochenille qui estoit dans ledict espaignol ; et cela faict ledict Le Liepvre auroit donné congé auxdicts espaignols avec leurdict navire et le reste de leurs marchandises, et apprès avoir encore tardé quelques jours aux dictes isles des Essores auroit prins la roulte vers les Isles des Canaries où estans ils y tardèrent viron six sepmaines et y trouverent un navire de ceste ville conduict par Jacques Mel de ce dict lieu, et de la s'estans quittés l'un l'aultre furent aux isles du cap Vert où ils auroient trouvé à la rade de Saint Anthoine une caravelle de viron cent cinquante thonneaux à l'ancre, dans laquelle ils entrerent de nuict après avoir tiré quinze à seize coups de canon pour savoir qui estoit dans ladicte caravelle, dans laquelle estans entrés aucuns des hommes dudict Le Liepvre, ne s'y trouva aucunes personnes et n'enlevèrent rien céans, ayant ledict Le Lievre laissé cinq à six hommes de son équippage pour la conduire ; et fust icelle trouvée chargée de vin, huiles d'ollive, drapperies, thoiles avec quelque argent, ne peut dire la quantité pour n'y avoir esté, ayant seullement entendu dire que ledict Le Lièvre avoit prins pour luy une partie du vin, huille, draps et thoille, de sorte que le navire dudict Le Lièvre estoit tout chargé et fort riche ; et le lendemain vers la my mars mil six cents et saize comme ils pensoient prendre leur roulte pour venir en France apperçurent un grand navire de viron mil ou douze cents thonneaux lequel portoit ses pavillons, enseignes et estandarts en forme de Portugais, et comme ils firent voille apprès pour sçavoir qui il estoit furent tous estonnés que ledict navire esquippa deux batteaux de dix à douze thonneaux pièce et viron cent hommes dans iceux qui venoient pour se saisir de ladicte caravelle devant prinse par ledict Le Lièvre, qui occasionna ledict Le Lièvre de leur faire tirer quatre à cinq coups de canon pour qu'ils se retirent, ce qu'ils firent à bord dud. grand navire lequel aussy tost auroit tourné vers ledict Le Lièvre et seroit aproché à viron cent pas dud. Le Lièvre, et au mesme temps lui auroit tiré plus de quarante coups de canon sans que ledict Le Lièvre se mist en aucune deffense recognoissant qu'il ne pourroit resister audict navire qui portoit plus de mil ou douze cents thonneaux comme dessus est dict, d'aultant qu'il voioit parroistre six à sept cents hommes et qu'il estoit armé de plus de quarante cinq pièces de canon de fonte verte portant fort pesantes balles ; et envoya ledict Le Lièvre son basteau de nef avec quatre hommes de son équippage pour demander misericorde et leur faire voir son congé et cognoistre de quel nation ils estoient, et mesme qu'ils ne marchoient soubs autre estendart et enseignes que celle des françois ; et comme ledict basteau et hommes fust abord dudict grand navire, ayant présenté leur congé au general, iceluy au mespris du roy nostre Sire et monseigneur l'admiral auroit jetté ledict congé à la mer et retenu lesdicts quatre hommes, puis fit de rechef tirer sur ledict Le Lievre lequel enfin d'une balle eust les deux jambes couppées; ce que voyant les hommes dudict Le Lièvre et que leurs mats et voilles estoient tous couppés ny ayant apparence de résister s'estoient rendus à la mercy dudict grand navire, le chef duquel envoya son basteau pour prendre led. Le Lievre et ses hommes pour les porter audict grand navire; arrivés qu'ils furent auquel navire de Le Lièvre, se saissirent d'icelluy et encore tout vif qu'ils estoit le jettèrent en la mer, puis tous ses dicts hommes furent liés et garottés les pieds et les mains et les portèrent comme pauvres captifs et criminels audict grand navire, estans dans lequel à leur arrivement furent despouillés tous nuds et leur ayant faict passer les jambes dans les trous d'un pont[1] trilly de carreaux furent derechef liés et garottés pieds et mains par derrière le dos, auquel estant ainsy pauvrement acoustrés ils furent deux jours sans boire ny manger pendant lesquels le general et chef dud. navire et ses gens qu'ils recognurent estre flamens, françois et anglois dont ledict depposant ne peut nommez aucuns disoient auxdicts pauvres hommes qui sans cesse imploroient leur (pitié) et miséricorde que leur navire estoit plus que le roy de France et son royaume, avec milles sortes d'injures scandalleuses contre sa sacrée Mté, disant ledict chef qu'il estoit un chien, un traistre, un judas parlant en langaige françois, et oultre non content desquelles injures et en outre dict que le roy d'Espaigne avoit faict tuer le père de Sa Mté, qu'ils s'estonnoient comme il avoit espouzé la fille dud. roy d'Espaigne; au boult duquel temps de deux jours le general dudict navire flamen commanda que ledict Bruchault et ses compaignons fussent mis dans un basteau pieds et mains liés pour les porter dans ladicte caravelle et estans dans ledict basteau le general fist remonter ledict Bruchault et dix huict ou vingt de ses compaignons dans ledict grand navire, où estans entendirent incontinent que leurs compaignons qui estoient demeurés dans ledict basteau faisoient plusieurs cris et crioient misericorde et furent poignardés et jettés en la mer estans au nombre de traize ou quatorze; et le lendemain ledict Bruchault et ses compaignons restés audict grand navire furent derechef mis dans ladicte caravelle appres qu'ils l'eurent deschainée et qu'elle estoit à demy d'eau, et les laissèrent aller à la mercy de la mer avec deux voilles, viron une livre de pain et vingt pots de vin, et au boult de quatre jours que l'on avait quitté iceux flamens retournèrent à eux dans l'un de leurs basteaux et prindrent le compte du navire où ils estoient viron vingt-sept ou vingt-huict hommes avec trois petits garçons, lesquels par iceux furent derechef portés à bord dudict grand navire et y furent pendus par dessoubs les bras, puis ledict général leur fist brusler la peau des pieds et les ayant despendus les aurait reportés à bord de ladicte caravelle; ce faict laissèrent icelle à la mercy de la mer ainsy que dict est, ayants lesdicts flamens retenu avec eux pour leur servir neuf à dix anglois que flamens qui estoient de l'equippage dudict Le Lièvre, et le surplus dud. equippage fust tué tant audict abordage que depuis par lesdicts flamens.

1. *Pont.* — « C'est le tillac d'en haut percé d'un treillis et couvert par carreaux (pont à claire-voie) pour évaporer la fumée de l'artillerie et donner jour en bas; on le fait parfois de corde. »
(Fournier, *Hydrographie*, 1643).

Dist aussy qu'aprez estre delivrés desd. flamens n'ayants cable ny aviron furent portés à la (coste de) la Guinée et furent contraincts de eux aller abandonner auprez du cap Rouge, où ils laissèrent ladicte caravelle pour ne la pouvoir plus conduire faulte de voille, de cable et ancre ; estans descendus à terre nuds comme la main sans aulcune chemise ny aulcuns vestements ainsy que lesd. flamens les avoient mis dans ladicte caravelle, prindrent le chemin par terre pour aller en Gambye où ils furent longtemps et se rendirent à un roy de la terre nommé Farran lequel leur auroit faict bon traictement durant l'espace de trois sepmaines ou un mois tous nuds qu'ils estoient et mena ledict Bruchault avec cinq ou six de ses gens trouver ledict .... et les fist embarquer à ceste fin dans son canot les autres y estans allés par terre lequel .... les ayant apperceus en cest estat les auroit aussy tost receus dans son navire leur ayant luy et ses gens assistés de hardes et vestements et fait donner à boire et à manger durant l'espace de trois jours et jusque à ce que ledict .... eust accordé aud. les naigres pour porter lesdicts hommes dans les canots à icelle coste du cap de Ver pour trouver passaige dans les navires françois que l'on disoit estre au cap de Ver, ayant baillé ledict .... pour ledict passage auxdicts naigres neuf barres de fer ; et estans aud. cap de Ver lesd. hommes n'ayants trouvé lesd. navires françois se séparèrent les uns des aultres pour chercher leur vye, estant ledict Bruchault et un de ses compaignons demeurés aud. cap de Ver n'ayans veu les aultres depuis, ayant entendu qu'il y en avoit eu trois, sçavoir le fils du lieutenant de Belleisle, un chirurgien et un appoticquaire dud. lieu qui estoient morts sur le chemin; s'estant led. Bruchault viron deux mois appres embarqué dans le navire de Roger Bruigon qui seroit venu aud. lieu, lequel luy auroit donné le passaige en ceste ville et y estoit arrivé dans ledict navire y a viron trois mois, mais n'avoit pas encore faict son rapport à raison qu'il a esté fort long temps et jusques à présent malade, à cause de quoy il n'auroit peu comparoir, affirmant le tout véritable ; et a ledict Bruchault signé apprès lecture de ce que dessus.

Signé : Robert Bruchault, du Courroy et Lemoyne, chacun un paraphe.

Soit communiqué aux officiers du Roy en ladicte admiraulté de Dieppe pour ouir leur requisition et ordonner ce qu'il appartiendra ; faict le dix sept[e] de janvier mil six cens dix huict.

Signé Ducourroy, un paraphe.

Extraict a esté du reg. des rapports du greffe de l'admiraulté de France pour le siège de Honfleur, Quillebœuf et es environs, de ce qui ensuit.

Du samedy dix huictiesme jour de juin mil six cents et dix sept à Honfleur devant nous Guill. Charles Maine, escuier, licentié en droicts, conseiller du Roy et Lieutenant en l'admiraulté de France au siège dud. Honfleur, Quillebœuf et es environs, presence de Me Guillaume Deschain, greffier ordinaire.

S'est comparu Nicollas Lesperdrix dict Lacouldre ou maistre de laine demeurant au Pont Levesque, de présent en ledict lieu où il est arrivé dans le navire nommé *La Bonne Adcanture* dont est cappitaine Jacques Bare, lequel nous a dict qu'il y a trois ans ou environ qu'il estoit party de Belle Isle dedans un navire où commandoit Jacques Le Lièvre pour cappitaine et prins la mer pour aller faire un voiage de laval et isles du Bresil suivant le congé que Le Lièvre portoit de monseigneur l'admiral et prins le droict aux Essores où ils auroient rencontré un grand navire de cent cinquante thonnx lequel les avoit chassés et tiré sur eux plusieurs coups de canon et mousquet tellement qu'ils auroient esté contraincts de se deffendre sy bien qu'ils s'estoient saisis l'un l'autre et battus de telle sorte et manière que (le dict Le)[1] Lièvre estoit demeuré maistre dudict navire qu'il avoit recogneu estre Espaignol chargé de cuir, cochenille, or et argent monnoyé et à monnoyer presque au nombre de cinquante mille escus ainsy que leur avoit dict le cappitaine et compaignons d'icelluy, lesquels cuirs, cochenille, or et argent le dict Le Liepvre avoit prins et embarques dans son navire de manière que appres avoir le toult embarqué il avoit donné le navire, avec auces marchandises qu'il n'avoit peu charger dans son bord pour estre plus moindre que ledict navire Espaignol, audict maistre et cappitaine (affin de) s'en aller où il adviseroit (bon); estant cela faict s'estoient séparés les uns des aultres et ledict Le Lievre continuant sa roulte estoit allé aux Isles du cap de Vert pour y recueillir de l'eau afin d'aller a la coste du Bresil où ils estoient allés il y a dix huict mois ou environ; auquel lieu estant aux isles Saint Anthoine ils avaient trouvé une crevelle d'environ deux cents thonneaux mal apareillée, grée et esquippée toutteffois, mouillée en la rade de Saint Anthoine, dedans laquelle barque n'y avoit aucunes personnes; ce que voyant ledict Le Liepvre s'en estoit ensaisi et trouvé qu'elle estoit chargée de sucre, bresil et plusieurs sortes (de marchandises) dont il ne pourroit (dire le) nombre, quantité ny essence; dans laquelle crevelle ledict Le Liepvre avoit mis cinq hommes pour la garder jusques à ce qu'il eust recognu où estoient les hommes dont il n'en avoit peu rencontrer aulcuns, à cause de quoy ledict Le Liepvre avoit deliberé l'amener en France, ce que faisant le quinze jour de mars mil six cents saize estoit arrivé sur eux un grand navire d'environ douze cents thonneaux et deux grands basteaux d'environ chacun quinze thonneaux pièce, lesquels ledict grand navire avoit équippés et armés ayant en chacun d'eux mis environ cent hommes, portant ledict grand navire un pavillon Portugais et (lesdicts) basteaux pareils, lesdicts (basteaux) estoient allés à bord de ladicte crevelle à raison de quoy et que ledict Le Liepvre n'avoit barques ni basteaux pour envoyer des hommes dans icelle crevelle il fut contrainct y aller avec son navire et aprochant avoit tiré deux coups de canon pour empescher qu'ils n'abordassent ladicte crevelle, laquelle il estoit en pocession y avoit vingt quatre jours; neantmoins quoy n'avoient laissé d'aborder et se rendre maistre d'icelle crevelle.

A dict que incontinent appres ledict grand navire estoit venu pour aborder ledict Le Liepvre, lequel recognoissant sa vollonté et sa force il avoit envoyé son basteau de nef avec quatre de ses hommes ausquels il avoit baillé son congé (afin qu'ils montrassent icelluy congé) au cappitaine d'icelluy grand navire

1. Les passages entre parenthèses sont supposés, leur place est marquée dans le manuscrit par un trou (note de M. Gravier).

le priant de croire qu'il estoit son serviteur ne navigant que soubs le congé du roy de France et cie de monseigneur l'admiral, luy estant apparent des bannieres, pavillons et estendars de France sans en avoir d'aultre. Au mesme temps ledict cappitaine avoit fait saissir lesdicts quatre hommes, le nom desquels il ne pourroit dire, qu'il avoit faict enferrer et aussy tost jetter par desdend [1] ledict congé en la mer ayant au mesme instant lasché une volée de canon de fonte verte portant la balle d'environ vingt cinq livres. Du coup de l'un d'iceulx avoit esté rencontré ledict Le Liepvre (cappitaine) qui avoit eu les deux (jambes) emportées sans en avoir blessé aulcun, ayant ledict grand navire continué de tirer force coups de canon jusques à plus de cinquante qui avoient couppé leurs mats, voilles et manœuvres jusques (auprès) de l'eau tellement que comme les plus faibles et ne pouvants plus resister ils avoient esté contraincts se rendre et demander grâce au cappitaine et équippage dud. grand navire, lequel au mesme instant avoit demandé d'où estoit led. navire et équippage, leur estant respondu par ledict équippage : Nous sommes de Honnefleu; ce que voyant ledict cappitaine avoit dict : Je vous feray tous pendre puis que tous estes de là. Les ayant prins et liés dedans son (navire les fist) despouiller tous nuds, et environ demye heure de nuit qui fust ledict jour fit poignarder lesdicts hommes et les jetter à la mer, y ayant jà jetté ledict Le Liepvre qui n'estoit encore mort, et continuant son furieux et pernicieux desseing jusques à ce qu'il eust faict mourir tous lesdicts hommes, cruellement tiraniser et noyer ledict cappitaine, vray tyrant ; ledict parlant avoit dict au general : Monseigneur je vous supplye ne me faire mourir ny le reste de mes compaignons. Nous sommes gens de bien, leur dict ledict general, mon navire est plus que le roy de France ; touttefois à ce qui restoit d'hommes avoit donné (grace y) en ayant eu traize (de poignardez) et jettés en la mer, et le lendemain matin avoit commencé à faire descharger ladite crevelle où ils avoient esté par trois jours sans faire aultre chose, appres lesquels ladicte crevelle plaine d'eau avoit fait jetter ledict parlant et reste d'équippage dud. Le Liepvre au nombre de vingt-cinq sans pain, boire, voille ny agrés aucuns tous nuds, ayant mis des hommes dedans le navire dud. Le Liepvre affin de l'équipper pour aller avec luy ne pourroit dire le lieu sinon qu'aulcuns de leurs compaignons avoient dict qu'ils estoient fretez pour des marchands de Rouen affin d'aller aux mollusques, estans allés à la grace de Dieu et parvenus (aux environs) du cap de Rouge ils s'estoient rendus au roy de la terre qui leur avoit faict bon traictement ; ayant par hasard trouvé le cappitaine Bare avec son navire dedans lequel il est rapassé et en obtint retour en ce dict lieu, port et havre, ayant eu bien du mal, les compaignons dud. Le Lievre morts de maladie estans rappassés deux avec luy dedans ledict Bare lequel faisant sa roulte environ deux degrés et demy au sud de la ligne exquinoxialle avoit rencontré un navire Espaignol qui les vouloit aborder et tiré plusieurs coups de canon (et de mousquet) ; neantmoins (s'estant) ledict Bare rendu maistre (dudict) navire Espaignol il l'a amené en cedict port et havre disant que ledict grand navire qui avoit prins ledict Le Liepvre avoit amande de plus de

1. Par dédain.

deux cents mil escus de luy et de son équippage navire et marchandises y estant, et est le discours de sa navigation qu'il a signé.

Charles Maine, Lesperdrix et Deschain, chacun un paraphe.

A du depuis laquelle signature s'est repité ledict Lesperdrix lequel a dict qu'il avoit obmis à nous dire par son rapport le nom du maistre dudict navire, le lieu d'où il est et sa demeure, ce que faisoit.

A dict que ledict (maistre) qui commandoit apprès le coronal se nomme Vitrebolle et natif de la ville de Mildebourg y faisant sa demeure; scayt aussy que le general est de Delf Toner, pays de Hollande, cognoissant plusieurs compaignons dedans ledict grand navire lesquels sont de Saint-Malo, de Saint-Martin-de-Ré, de Callaun. Le chirurgien de dedans se nomme Me Jacques qui est de Rouen, lequel sur la priere que luy faisoit ledict Lesperdrix de ayder à luy faire donner la vie avoit dict en ces mots : Ceux qui ont esté jettés en la mer et poignardés sont bien mais (tu seras) pendu et (le reste de l'équippage), ce que ayant ledict (Lesperdrix) et aultres ses compaignons auroient commencé à invoquer la grâce de Dieu ne sachant le jour qu'on leur fairoit comme aux aultres. Toutteffois à la prière dud. parlant avoient esté sauvés ainsy qu'il a cy devant dict ; mesme a dict que les petits garçons dud. navire Le Lievre avoient esté pendus par dessoubs les bras aux haubbens la corde au col, ou estans ledict coronal avoit commandé à son fils et autres garçons de brusler leurs pieds par dessoubs aux pauvres garçons, qui estoit la chose la plus odieuse et misérable qui pourroit estre jamais, tellement que les pauvres estoient demeurés fols de peur ; disant aussy que le né Cosari de belle isle, lieutenant dud. Lelièvre, avoit esté mené dedans la chambre dud. coronal, là où estant icelluy coronal avoit faict faire des nœuds à des cordes affin de faire lyer la teste dud. Cosari, ce qui faict avoit esté, et comme ils serroient lesdictes cordes disoient audict Cosari : Dict où est l'argent de ton cappitaine Le Liepvre, ce que continuant cruellement environ une heure eurent ainsy par force et vehemence faict sortir les yeux de la teste dud. Cosari lequel estoit demeuré aveugle ; l'ayant laissé avec les naigres ne pourroit dire qu'il est devenu, d'aultant qu'il ne tâchoit rien que de se sauver avec ceux qui pouvoient cheminer dedans (les terres) proche le cap rouge ; (auquel) pais estoit mors la plus grande partie n'ayant cognoiss. qu'il soit sauvé qu'environ huict hommes desquels s'en estoit embarqué cinq dedans le cappitaine de Neufville, et le parlant avec deux dedans ledict cappitaine Bare qui les a rapassés ainsy qu'il a cy devant dict, jurant et affirmant que c'est la vérité et discours dud. voiage et perte d'iceluy et a derechef signé.

Signé : Charles Maine, Lesperdrix et Deschain, chacun un paraphe.

Collacion faicte, etc.

'AN de Grâce mil six cents et vingt, le samedy quatorziesme de novembre à Dieppe devant nous Charles Marc Anthoine de Sainct Martin, escuier, sieur de Tourenpré.....

S'est comparu Michel Eustache distillateur du roy, bourg. et proppriettaire du tottal d'une barque nommée le *Saint Gabriel* du port de cinquante thonneaux ou environ et en partye du navire nommé la *Magdallaine* du port de cent cinquante thonneaux ou environ dont estoit cappitaine Jacques Le Lièvre de Honfleur, disant que au mois de janvier mil six cens dix huict il auroit presenté requeste en justice pour estre permis à avoir extraict tant du rapport faict par Robert Bruchauld marinier le saisiesme jour dud. mois de janvier que de l'examen et deppos. des personnes oyes sur la veriffication dud. rapport pour luy servir à la poursuicte qu'il faisoit allencontre des flamens de Mildebourg pour la depredation et prinse par eux faicte dud. navire la *Magdallaine* et barque ce qui lui avoit esté accordé, et d'aultant qu'il auroit esté adverty que un nommé Jacques Mel cappitaine de navire de ceste ville pouvoit parler certainement de lad. prinse et depredation pour avoir delivré plusieurs des hommes dud. Le Lièvre des mains des sauvages, requeroit que led. Mel fust examiné pour en dire ce qu'il en sçait pour dud. examen avoir extraict affin de luy servir aux fins de ladicte poursuitte ainsi qu'il advisera bien estre. Sur quoy nous avons du consentement de Me Jacques Amyot ad^{at} du Roy aud. Eustache permis de faire venir ledict Mel pour estre examiné sur ladicte depredation et prinse desd. navire et barque pour, ce faict, estre ordonné sur le surplus de ladite req^{te} qu'il appartiendra. Signé Eustache, de Saint Martin, Amyot et Lemoyne, chacun un paraphe.

Et ledict jour et an devant nous lieutenant et juge susnommé presence du greffier ordinaire.

Le dict Jacques Mel, cappitaine de navire demeurant en ceste ville faict venir par ledict Eustache par foy et serment soll. à dire vérité,

A dict qu'il est aagé de trente cinq ans demeurant en ceste ville paroisse Saint Jacques, inquis et examiné sur le contenu de la req^{te} présentée par ledict Eustache de ce siège le dix neuf^{me} de janvier mil six cents dix huit à nous représentée par nostre greffier et la requisition dud. Eustache,

A dict qu'il ne peut parler de tout le contenu de ladicte requeste n'en ayant veu aulcune chose. Bien est vray que en l'an (mil) six cents saize viron le mois d'avril, estant dans la rivière de Gambie dans son navire, arriverent par terre quarante ou quarante cinq hommes sans aucuns habillemens tous nuds, lesquels il recognust pour estre en partie de ceste ville et le reste de Honfleur et aultres lieus, entre lesquels recognust entre autres Jehan Bouest, Robert Bruchault et un nommé La Coudre, lesquels luy firent entendre que viron douze ou quinze jours au paravant, estans dans le navire d'un nommé Le Lièvre, ils auroient esté prins par un navire flamens de sept à huict cents thonneaux équippé de grand nombre de personnes et de plusieurs pièces de canon qui auroit abordé ledict navire bien que ledict Le Lièvre se fust advoué du congé de mondict Seigneur et qu'il portast la bannière de France. Appres luy avoir lasché plusieurs coups de canon dont ledict Le Lièvre eust les deux jambes emportées d'un coup dudict canon et s'estant ledict flamens rendu Me dudict navire et d'une caravelle que ledict Le Lievre avoit prinse le soir au paravant équippée de Portugais et de grand nombre de bonne marchandise que ledict depposant ne peut spéciffier plus particullièrement pour ne l'avoir entendu desd. hommes, leur auroit commis beaucoup de cruaultés entre autres auroit jetté led. Le Lièvre en la mer et sept à huict de ses compaignons lors de l'abordage, particullièrement ceux que ledict flamens recognoissoit estre de Honfleur, et en eust faict noyer un grand nombre les ayans tous mis dans son basteau, en intention de les tuer à coups de canon et de les couller à fond, ce qui eust esté exécuté sans que le cappitaine dudict navire flamens dont il ne scayt le nom changea de résolution, lequel les ayans depouillés de touttes leurs hardes hors mis ce qu'ils portoient sur eux les auroit mis à la mercy de la mer sans voille et sans aucuns vivres dans ladicte caravelle qu'il avoit deschargée de touttes les marchandises prinses lesquelles ils avoient mis dans leur bord, et tombèrent avant le vent de Gambye dans les naigres avec lesquels les françoys n'ont aulcune communication qui, les ayant despouillés tous nuds, les laissèrent aller et ainsy seroient venus par terre bien cinq^te^ lieues trouver ledict cappitaine auquel ils firent entendre tout ce que dessus et lesquels il assista de tout ce qu'il luy fust possible.

Dict qu'il est véritable que ledict Le Lièvre vers les iles des Canaries au commencement de mars audict an avoit faict une bonne prinse sur les portugais ou espaignols chargée de plusieurs cuirs tanés, huille, vin, cochenille et aultres marchandises lesquelles marchandises luy parlant avoit veus s'estant rencontré avec ledict Le Lièvre aux isles des Canaries, n'en peut dire la valeur et lesquelles estoient pour lors dans le navire dudict Le Lievre ayant donné congé aux hommes avec leur navire ; et pour la seconde prinse n'en peut parler que par le rapport des hommes suivant qu'il nous a dict cy dessus, disant qu'il est véritable que ledict Le Lièvre avoit un congé de mondict seigneur en bonne forme lequel il auroit veu entre les mains dud. Le Lièvre.

Dict oultre que dedans la seconde prinse il y avoit des caisses que lesdicts flamens ne pouvoient lever avec leurs pallens qu'avec beaucoup de peine à ce que lesdicts hommes lui ont faict savoir aud. lieu de Gambie, mais n'en saurait rien au certain ny quelles marchandises estoient contenues dans lesd. caisses ; et est ce qu'il a dict sçavoir, et a signé apprès lecture de ce que dessus dont nous avons accordé acte audict Eustache pour luy valloir et servir qu'il appartiendra qu'il luy sera deubt et touttefois et quant. (Signé) : Jacques Mel, le sieur de Saint Martin, et Lemoyne, chacun un paraphe.

Collacion faicte sur l'original au greffe de lad. admir^té^ par moy greffier de ladicte admiraulté, instance et req^te^ de Me Michel Eustache distillateur ordinaire du roy stipule y estant Lambert bourgeois et icelle pour luy valloir et servir ce que de raison et ce suivant l'ordonn^ce^ de justice. Faict audict greffe le dix sept^me^ jour de novembre mil six cens et vingt.

Signé : Lemoyne, Jehan Lambert (plus un paraphe).

Du jeudy dix huictiesme jour de janvier mil six cens et dix huict, à Dieppe, devant nous, Claude Ducourroy, escuier, licentié en loix, lieutenant commis en l'admiraulté de France du siège dud. Dieppe et ses environs, présence de Me Anthoine Lemoyne, greffier audict siège,

Pour procéder à la verificacion du rapport faict par devant nous le saiziesme jour du présent mois par Robert Bruchault, marinnier en ceste ville, suivant la réquisition du procureur du roy estant au bas dud. rapport et nostre ordonnance en suivre sur ladicte réquisition, a esté faict venir à la vue dud. procureur du roy luy jurer et examiner sur ledict rapport les personnes cy après, assavoir :

Jacques Monguard, marinnier, demeurant en ceste ville, rue de la beste vestue, parr. Saint-Jacques, aagé de trente cinq ans, jure par serment solennel à dire vérité et, sur ledict rapport inquis et examiné,

A dict qu'estant party de ceste dicte ville pour faire le voiage du Cap de Vert et rivière de Gambye dedans le navire nommé le *Chasseur,* dont estoit cappitaine Jacques Mel de ceste ville, arrivés qu'ils furent aux isles des Canaries, firent rencontre d'un navire de Honfleur dont estoit cappitaine Jacques Le Lièvre, dud. lieu de Honfleur ou des environs ; et, apprès avoir parlementé ensemble, iceluy Le Lièvre auroit prié ledict Mel, le depposant et aucuns de leur équippage d'entrer à bord de son navire pour boire ensemble, ce qu'ils avoient faict. Estant dans led. navire avoient recognu que ledict navire estoit chargé de marchandises comme vins, draps, et petun, et aultres dont il ne se pouvoit souvenir ; et fust icelle rencontre à la fin de janvier (mil) six cens seize ; et apprès avoir esté deux jours ensemble, ils se séparèrent. Ne scayct ledict depposant où ledict Le Lièvre prétendoict aller parce qu'il ne s'en estoit informé, ny mesme de ce qu'il a faict du depuis qu'il estoit en mer ; mais croyt que la route que ledict Le Lièvre tenoit estoit pour aller au Cap de Vert, n'ayant veu ledict navire du depuis.

Dict ledict depposant qu'estant le navire dudict Mel arrivé en Gambye, apprès avoir séjourné audict lieu viron trois mois, depuis le dix septiesme de febvrier audict an (mil) six cens seize jusques au commencement de juin du dessusdict an, allant la chalouppe dud. Mel en traicte dans ladicte rivière, seroit venu à lad. chalouppe deux hommes de l'équippage dud. Le Lièvre ; l'un, dieppois, se nommoit Jehan Baptiste de Cherbourg et l'aultre un anglois duquel il ne scayt le nom, lesquels estoient tous nuds, sans chemise, chappeau ny aucuns vestemens, qui avoient esté amenés au navire dud. Mel ; où estans, ledict Mel et ceux de son équippage, estonnés de les veoir en la sorte et muds de compassion, luy et aucuns de son équippage leur donnèrent des chemises et vestemens au mieux qu'ils purent ; et, estans infformés par ledict Mel et ceulx de son équippage qui les avoit ainsi dégradés, firent responce qu'estant aux isles du Cap Vert, pensant faire leur retour en France avec une caravelle qu'ils avoient avec leur navire chargé de vins, draps et aultres marchandises, avoient rencontré un grand navire flamens de mil ou douze cents thonneaux, duquel grand navire fust envoyé deux basteaux de dix ou douze thonneaux chacun, dans lesquels y avoit viron deux cens hommes armés de mousquets, lesquels pensants prendre et emmener ladicte caravelle que menoit ledict Le Lièvre, furent empeschés par icelluy Le Lièvre qui leur tira trois ou quatre coups de canon ; et s'estant lesdicts basteaux retirez à leur grand navire, icelluy grand navire, tournant droict audict Le Lièvre et sans leur demander qui ils estoient ny leur faire amener leurs voilles, leur lascha plus de trente coups de canon ; et comme icelluy Le Lièvre vist qu'il ne pouvoist résister contre un si grand vaisseau, ne fist aulcune résistence, mais envoya son basteau avec quatre de ses hommes avec son congé qu'il avoit obtenu de Monseigneur l'admiral, pour iceluy présenter aud. general dud. grand navire affin de luy donner à entendre qu'ils estoient françois bien advoués ; et comme ledict general eust ledict congé, jetta iceluy de deppit en la mer et fist sans respect tirer un canon sur ledict Lelièvre, ayant retenu lesdicts quatre hommes ; l'un desquels coups de canon avoit couppé les deux jambes dud. Le Lièvre, et aussy tost envoya de ses gens à bord du vaisseau d'icéluy Le Lièvre, où estans entrés dans iceluy prindrent ledict Le Lièvre et le jettèrent encore vif qu'il estoit dans la mer, et furent les hommes de son équippage menés dans ledict grand navire, où, estans, furent dépouillez nuds et liés et garottés, les pieds passés dans les trous d'un pont treilly dud. grand navire, où ils furent tenus ainsy viron deux jours sans boire ny manger, pendant lequel temps le general dudict grand navire visitant lesd. hommes leur dict que les feroit pendre, et sur ce que ils luy demandoient miséricorde, il leur refuza plusieurs fois et leur dict, parlant bon françois, que son navire estoit plus que le roy de France ny son royaulme, disant plusieurs injures et parolles scandalleuses contre l'honneur et dignité de la sacrée Ma[té] de nostre roy, desquelles ledict depposant ne se pouvoit mesme ressouvenir pour ce qu'il ne s'en estoit infformé desdicts hommes.

Dict aussy que lesdicts hommes dud. équippage Le Lièvre leur dirent que ledict general avoit faict poignarder treize ou quatorze de leurs compaignons et iceux jetter en la mer ; mesme avoit faict pendre les petits garçons de l'équipage dudict Le Lièvre par dessoubs les bras, la corde au col, aux haut-bens dudict grand navire, et à iceulx faict brusler la peauls des pieds par les garçons dud. grand navire, leur ayants à tous commis mille cruaultés ; apprès lesquelles, et la dicte caravelle deschargée totallement durant trois jours qu'ils furent occupez à ladicte descharge, firent mettre le reste des hommes dud. Le Lièvre, au nombre de viron trente-cinq, dans icelle caravelle, qui lors estoit à demy plaine d'eau, sans une seulle voille, ancre ny cable, leur ayant donné pour tous vivres dans un baril les miettes du pain de leur soulte avec quelle que peu de vin et d'eau, et les laissèrent aller à la mercy des vents, n'espérant pas que iceux se pussent ainsi sauver, croyant lesquels hommes que sy lesd. flamens eussent pensé qu'ils se fussent sauvez ils les eussent faict mourir comme les aultres ; et furent aulcuns conduits comme ils estoient à terre avant le vent de Gambie, proche du cap Rouge ; et là, estans à terre, s'adonnèrent aux naigres, lesquels les donnèrent à leur roy ; lequel roy, du depuis l'arrivée desdicts deux hommes au bord dud. Mel, amena viron douze desd. hommes dud. Le Lièvre, entre lesquels estoient led. Robert Bruchault, un surnommé La Couldre, de Honfleur, un autre surnommé Jacques, ne peut dire sa demeure, un nommé Michel Justin, de ceste ville, estant de présent en mer au voiage du Senesgal dans le navire de Abraham Gosse, de ce lieu, ne pouvant nommer les autres ; lesquels estoient nuds comme les deux premiers, et avoient esté aussy revestus au mieux qu'ils purent, lesquels restèrent dans leur navire deux à trois jours et firent entendre audict Mel et à son dict équippage leur infortune comme il est cy devant dict ; et cela tant apprès que led. Bruchault et ses compaignons durent donner à entendre audict Mel que le reste de leur équippage, sauvés avec eux, estoient à la dicte terre, ledict Mel, qui ne pouvoit nourrir et tenir tant d'hommes dans son navire qui n'estoit que de soixante et dix thonneaux, fist embarquer lesdicts hommes, réserve cinq à six qui demeurèrent avec luy, dans sa chalouppe pour les passer au delà de la rivière pour prendre leur chemin au cap de Vert affin de trouver à repasser en France dans les navires françois qui y pouvoient estre, et pour prendre en passant le reste desdicts hommes dud. cappitaine Le Lièvre qui estoient encore à terre pour pareillement les passer ; ce qui fust faict, et fust aussy donné des vestemens auxdicts hommes avec de la marchandise pour les conduire.

Dict ledict depposant que les cinq à six hommes restés avec ledict Mel se nommoient La Couldre, Jehan La Fosse, dudict lieu de Honfleur, Nastrault, anglois, Michel Justin, de Dieppe, Jehan Benoist, et ledict Jehan Baptiste, et furent dans le navire dud. Mel jusques à la....... dud. navire dud. Mel arrivèrent au cap de Vert, apprès laquelle lesdicts hommes s'estoient séparés d'avec ledict Mel pour chercher passage, réserve ledict Baptiste qui seroit décédé dans leur dict navire.

Dict oultre ledict depposant que lesdicts hommes leur dirent qu'ils avoient entendu d'aulcuns dud. grand navire qui estoit arrivé pour empescher de passer les navires françois qu'ils avoient entendu dire qui se préparoient en France pour aller aux Mollucques ; et que l'équippage dud. grand navire estoit composé de plusieurs sortes de nations, entre lesquelles il y avoit des françois, qu'il ne leur avoit esté nommés sinon que ledict La Couldre avoit dict qu'il cognoissoit l'un des dicts pour avoir porté les armes en Hollande.

Et est ce qu'il a dict sçavoir, et a signé après lecture.

Signé : Jacques Monguard, Ducourroy et Lemoyne, chacun un paraphe.

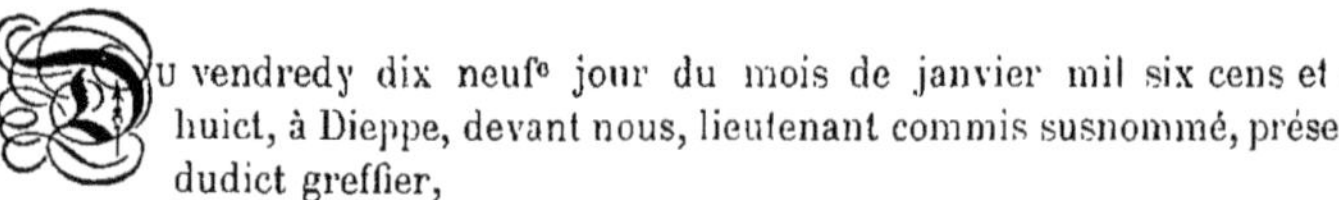

Du vendredy dix neuf^e jour du mois de janvier mil six cens et dix huict, à Dieppe, devant nous, lieutenant commis susnommé, présence dudict greffier,

Caron Pegné, marinnier, demeurant en la rue des Vretents, audict Dieppe, paroisse Sainct Remy, aagé de trente trois ans ou environ, jure par foy et serment solennel à dire vérité.

A dict qu'il y eust deux ans le trois^me de décembre dernier qu'il estoit party de ce port et havre dans le navire nommé le *Chasseur*, dont estoit cappitaine Jacques Mel de ce lieu, pour faire le voyage du Cap de Vert et Gambie en traicte de marchandises, et que, faisant leur route, estans aux isles des Canaries, à l'isle de Tanarif, ils trouvèrent un nommé le cappitaine Le Lièvre dans un navire de viron cent thónneaux, lequel, les ayant recognus, pria ledict Mel et aulcuns de ses gens de l'aller voir dans son navire pour boire et manger avec luy, ce qu'ils firent viron trois heures, et du depuis ledict Le Lièvre estoit ssy venu à bord dud. Mel avec aulcuns de ses gens, desquels il avoit entendu 'ils avoient faict quelques prinses dont ils avoient la marchandise dans leur vire, et entre autres des huilles, vins, cuirs secques, et mesme de l'argent de la cochenille dont il ne peut dire la quantité ; et ayant esté quelque deux urs ensemble se séparèrent d'ensemble et prindrent roulte scavoir : ledict Le èvre pour aller au cap de Vert, et ledict Mel vers la Gambye ; laquelle rentre fust au mois de febvrier (mil) six cens saize. Et estant ledict Mel arrivé la rivière de Gambye sur la fin dud. mois de febvrier, ayant séjourné audict u jusques au mois de juin, avoit, luy depposant, trouvé dans le navire dud. el, lors qu'il revenoit de la traicte de ladicte rivière, six des hommes dudict Lièvre, assavoir : Jehan Benoist, de ceste ville, pillotte dud. Le Lièvre, un rnommé Justin, dud. lieu de Dieppe, un surnommé La Couldre et La Fosse, Honfleur, deux anglois, l'un canonnier et l'autre contre M^e^ dud. Le Lièvre, nt il ne peut dire les noms ; lesquels hommes dirent audict depposant qu'ils oient esté rencontrés d'un grand navire flamens de mil à douze cens thonaux viron, au mois de mars (mil) six cens saize, icelluy vaisseau estant armé quarante cinq canons de fonte verte et bien quatre cens hommes tant mens, anglois, que françois et autre sorte de nations, et que comme led. Le èvre conduisoit une caravelle qu'il avoit prinse à l'isle Sainct Anthoyne du p de Vert, dans laquelle ils ne trouvèrent personne, ledict grand navire ant mis deux grands basteaux de dix à douze thonn^x^ (en la mer) dans lesquels avoit plus de cent hommes, lesquels pensans se saissir de ladicte caravelle oient esté (repoussés) par ledict Le Lièvre, et iceulx retournèrent audict and navire. Furent estonnés que, tournant droict à eux, les ayans approchés, èrent sur ledict Le Lièvre viron trente coups de canon, tellement que ledict Lièvre, cappitaine, eust les deux jambes couppées d'une balle ; et comme general du grand navire eust veu leur congé, de rage et de despit dict que dict congé ne valloit rien et qu'ils estoient forthans et qu'il les falloit tous cter en la mer, et au mesme temps envoya ses basteaux avec de ses gens, squels se seroient saisis du navire dud. Le Lièvre, ensemble de lad. caravelle de ce qui estoit dedans, lyé et garotté les hommes de l'équippage dud. Le ièvre, et iceluy jetté en la mer tout en vie qu'il estoit ; iceux hommes menés dict grand navire où ils furent tous despouillez tous nuds, et furent lyés et rottés de rechef par les pieds et les mains, les jambes passées dans un pont treilly, où ils furent en ce piteux estat deux jours sans boire ne manger, emandant tous jours miséricorde au général et aux aultres dud. navire, luy monstrant qu'ils estoient gens de bien et non des forthans, et qu'ils estoient ançois bien advoués, remonstrant ledict La Couldre audict général qu'il le gnoissoit bien pour l'avoir veu en la compaignie du conte Morisse où le dict a Couldre portoit les armes pour son excellence ; et au lieu d'avoir esgard à ce ue disoit ledict La Couldre et à leur prière ledict general, sans aulcun compasr, avec toutte rigueur, leur auroit dict que luy et son navire estoit plus que le y de France ny son royaulme, que sa Ma^té^ estoit un chien, traistre et Judas, que le roy d'Espaigne avoit faict tuer le feu roy son père, et neantmoins 'avoit laissé d'espouser sa fille, et qu'il les fairoit tous pendre et jetter en la mer. Au bout duquel temps de deux jours icelluy general commanda que lesdicts hommes fussent mis dans un basteau pour les porter dans la caravelle, laquelle avait esté jà deschargée ; et, comme ils furent dans ledict basteau, furent traize ou quatorze d'iceux poignardés et jettés en la mer par le commandement dudict general, lequel auroit faict rembarquer dans son basteau le reste, et incontinent les auroit renvoiés dans ladicte caravelle, encore qu'elle fust à demy plaine d'eau, et sans voille aucune ny cable sinon que une petite voille, avec quelques miettes de pain de leur soulte dans un baril, quelque peu d'eau puante et quelque peu de vin, et les laissèrent en tel estat à la mercy du vent et de la mer. A la faveur du vent et par la grâce de Dieu, premièrement furent jettés es costes entre le cap Rouge et Gambie, où ils se sauvèrent tous à terre ainsi nuds qu'ils estoient ; et, s'estant rendus entre les mains des naigres, furent donnés à leur roy par iceux, avec lequel ils restèrent viron un mois pendant lequel ledict roy les auroit nouris et faict bon traitement, et furent grandement agittez et tourmentez pendant leur nudité, estans tous découppés et mangés des mouches, n'ayans la force de résister comme font les naigres qui y sont accoustumés, et faisoient leur giste dans le sable et dans la boue jusques à la rencontre qu'ils firent dud. Mel, lequel et ses hommes les avoient assistez en vestemens et vivres, et retenu avec luy lesquels six hommes seullement, et faict passer les aultres dans son basteau à lad. coste au-delà de la rivière pour aller au cap de Vert sercher passage avec la marchandise que led. Mel leur avoit donnée pour procurer des canots de naigres pour les conduire, espérans trouver aud. cap de Vert les navires de ceste ville et les aultres françois qui y estoient. Du nombre desquels six hommes restés avec ledict Mel, le nommé Jehan Benoist et le canonnier anglois dud. Le Lièvre, ensemble un petit garçon dud. lieu, furent embarqués dans la barque dud. Mel pour aller en traicte, et furent tués et assommés par les naigres, et leur barque prinse avec huict de l'équippage dud. Mel, ainsy qu'ils ont eu depuis cognoissance par les Portugais, lesquels avoient retenu le petit garçon anglois qui avoit eschappé auxdicts naigres ; et les quatre aultres restés avec ledict Mel, voyans que son navire ne pouvoit revenir en France et qu'il estoit à demy péry, furent contraincts de chercher passage ailleurs, et ne les a veus ny entendu parler d'eux, sinon qu'il avoit veu du depuis ledict Justin en ceste ville, qui estoit à présent à Senesgal dans le navire du cappitaine Gosse de ceste ville, et led. Robert Bruchault ; et est ce qu'il a dit sçavoir sur tout le contenu audict rapport deument examiné, et a signé apprès lecture de sa depposition.

Signé : C. Pegné, un paraphe.

Soict communiqué aux officiers du roy en ladicte admiraulté.

Faict led. jour et an que dessus.

Signé : Ducourroy et Lemoyne, greffier, chacun un paraphe.

Leu par le procureur du roy les examens desd. Monguard, Bruchault et Pegné sur la vérité desdictes déprédations, meurtres et crimes résultant de ladicte informacion commises par lesd. flamens sur les subjects de ceste couronne, requiert, attendu la vérité du faict, qu'il soict ordonné au greffier dresser extraicts desdicts examens pour estre envoyés à Messieurs du Conseil de Monseigneur l'admiral à la diligence de Mᵒ François Boudone, procureur et recepveur des droits de Monseigneur en ce siège, le plus promptement que faire se pourra, pour de ce en donner advis à sa Mᵗᵉ et à nos Sieurs de son Conseil d'Estat.

Faict ce vendredy dix neufᵛᵐᵉ janvier mil six cens dix huict.

Signé : Pougnaut, un paraphe.

Soit, tout comme il est requis et ordonné que sera faict, prescrit à la dem. dud. procureur sy lesdicts Mel et Justin sont en ceste ville, pour estre ouys à la vériffication dud. rapport, sauf par apprès à ordonner ce qu'il appartiendra.

Faict ce vingtiesme de janvier mil six cens dix huict.

Signé : Ducourroy, un paraphe.

Collacion faicte sur l'original estant au greffe par moy, greffier de ladicte admiraulté soubs signé, ce jourd'huy dix septᵐᵉ de novembre mil six cens et vingt, instance et reqᵗᵉ de Michel Eustache, distillateur ordinʳᵉ du roy, stipullé par Jehan Lambert de ce lieu, pour luy valloir et servir ce que de raison, et ce suivᵗ l'ordonnance de justice.

Signé : Lemoyne, Michel Eustache, Jehan Lambert.

Un document que j'ai trouvé dans les archives du Parlement de Normandie fait connaître que l'armateur du navire la *Magdelaine*, le sieur Michel Eustache, dont le nom figure à diverses reprises dans les pièces qui précèdent, a rendu plainte devant le Parlement ; que l'enquête a eu lieu sur sa réclamation et que, malgré le bien fondé de ses demandes en réparation du dommage à lui causé, toutes ses démarches et celles de l'ambassadeur de France en sa faveur n'ont abouti à aucun résultat.

A la date du 16 avril 1622, requête était présentée par les associés de la Compagnie de navigation aux Indes Orientales pour obtenir justice de la destruction par les Hollandais de deux navires de la flotte de Montmorency [1]. On lit dans cet acte que nous reproduisons in-extenso dans l'introduction au voyage du capitaine Beaulieu :

« La jalousie auroit porté les Hollandois et Zélandois à toutes sortes de voyes pour rompre l'entreprise....... et leur auroit fait perdre plus de deux cens mil livres de dépense, dont s'estant plaintz au Roy, il auroit fait solliciter diverses fois les Estatz de Flandres par son ambassadeur de leur en faire récompense, lesquelz quelque réquisition et diligence que lesd. associez en eussent faict de leur part, il avoit esté impossible d'en tirer aucune raison, non plus qu'il a esté pour la déprédation faicte sur ung appellé Eustache, auquel et au Sʳ Ambas-

1. Il ressort des dépositions reçues à l'enquête que le navire hollandais qui a capturé le bâtiment du capitaine Lelièvre attendait les vaisseaux de la Compagnie des Indes Orientales, notamment le *Montmorency*, parti de Dieppe en 1616 sous le commandement des sieurs de Nets et de Beaulieu, pour les couler au passage aux îles du Cap Vert et rompre ainsi toute tentative de négoce aux îles de la Sonde.

sadeur de Sa Majesté, ils ont tellement dénié justice que l'on a esté contrainct permettre user d'arrest sur les vaisseaux et marchandises appartenans à la Compagnie faicte aud. Hollande pour la mesme traicte, ce qu'ils ont tellement illudé qu'il n'a esté possible d'avoir aucune copie du contrat d'icelle et liste des associez, tantost la disant rompue, tantost chargeant les vaisseaux soubz noms supposez, voire les faisant le plus souvent réclamer par des François les accommodant de leurs noms, que jusqu'à présent led. Eustache n'en a eu que des frais et désespoir pour leurs artifices et illusions, bien que les derniers ambassadeurs estans venus en France en eussent donné toute asseurance à Sa Majesté....... »

Le capitaine Lelièvre avait commandé en 1606 le navire la *Perle*, en 1611 et 1613 la *Bonaventure*, à bord desquels il avait fait plusieurs voyages à la côte d'Afrique et aux Antilles. Il avait épousé Antoinette Bougard et était père de quatre enfants.

Honfleur. — Imp. Satie, R. Sescau succr, 12, rue de la République.

www.ingramcontent.com/pod-product-compliance
Ingram Content Group UK Ltd.
Pitfield, Milton Keynes, MK11 3LW, UK
UKHW020539230726
13925UKWH00006B/2368